EMG3-0099
合唱楽譜＜J-POP＞
J-POP CHORUS PIECE

合唱で歌いたい！J-POPコーラスピース

混声3部合唱

全力少年
（スキマスイッチ）

作詞・作曲：大橋卓弥、常田真太郎　合唱編曲：西村 翼

••• 演奏のポイント •••

♪ リズミカルに歌い、音楽が軽快に前に進むようにしましょう。言葉の子音を立てて メリハリをつけるといいでしょう。

♪ 言葉、音程、リズム、すべて難易度が高く感じられますが、参考音源CDを聴いて 全体のイメージを掴んで、ひとつひとつ練習していきましょう。音の跳躍は、恐れず に思いきり歌ってみましょう。

♪ AやLの「Uh—」「Ah—」はピアノや男声パートのリズムを感じながら抑揚をつけて 歌いましょう。また音楽に意味を持たせるよう工夫しましょう。

【この楽譜は、旧商品『全力少年（混声3部合唱）』（品番：EME-C3066）とアレンジ内容に変更はありません。】

合唱で歌いたい！J-POPコーラス

全力少年

作詞・作曲：大橋卓弥、常田真太郎　合唱編曲：西村 翼

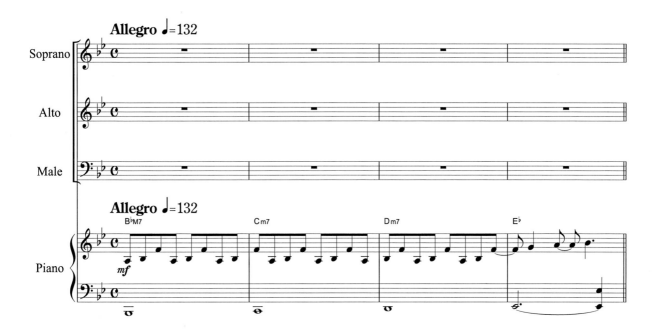

© 2005 by AUGUSTA PUBLISHING LIMITED

全力少年（スキマスイッチ）

作詞：大橋卓弥、常田真太郎

躓いて転んでたら置いてかれんだ
泥水の中を今日もよろめきながら進む

汚れちまった僕のセカイ　浮いた話など無い
染み付いた孤独論理、拭えなくなっている

試されてまでもここにいることを決めたのに
呪文のように「仕方ない」とつぶやいていた

積み上げたものぶっ壊して　身に着けたもの取っ払って
止め処ない血と汗で渇いた脳を潤せ
あの頃の僕らはきっと全力で少年だった

セカイを開くのは誰だ？

遊ぶこと忘れてたら老いて枯れんだ
ここんとこは仕事オンリー、笑えなくなっている

ガラクタの中に輝いてた物がいっぱいあったろう？
"大切なもの"全て埋もれてしまう前に

さえぎるものはぶっ飛ばして　まとわりつくものかわして
止め処ない血と涙で渇いた心臓潤せ
あの頃の僕らはきっと全力で少年だった

怯えてたら何も生まれない

澱んだ景色に答えを見つけ出すのはもう止めだ！
濁った水も新しい希望ですぐに透み渡っていく

積み上げたものぶっ壊して　身に着けたもの取っ払って
幾重に重なり合う描いた夢への放物線
紛れもなく僕らずっと全力で少年なんだ

セカイを開くのは僕だ

視界はもう澄み切ってる

MEMO

MEMO

エレヴァートミュージックエンターテイメントはウィンズスコアが
展開する「合唱楽譜・器楽系楽譜」を中心とした専門レーベルです。

ご注文について

エレヴァートミュージックエンターテイメントの商品は全国の楽器店、ならびに書店にてお求めになれますが、店頭でのご購入が困難な場合、下記PC&モバイルサイト・FAX・電話からのご注文で、直接ご購入が可能です。

◎PCサイト&モバイルサイトでのご注文方法
http://elevato-music.com
上記のアドレスへアクセスし、WEBショップにてご注文ください。

◎FAXでのご注文方法
FAX.03-6809-0594
24時間、ご注文を承ります。上記PCサイトよりFAXご注文用紙をダウンロードし、印刷、ご記入の上ご送信ください。

◎お電話でのご注文方法
TEL.0120-713-771
営業時間内に電話いただければ、電話にてご注文を承ります。

※この出版物の全部または一部を権利者に無断で複製(コピー)することは、著作権の侵害にあたり、著作権法により罰せられます。

※造本には十分注意しておりますが、万一、落丁・乱丁などの不良品がありましたらお取り替えいたします。また、ご意見・ご感想もホームページより受け付けておりますので、お気軽にお問い合わせください。